Onde está a banda The Rolling Stones?

Você consegue encontrar esses bad boys do rock 'n' roll?

Ciranda Cultural

Onde está a banda The Rolling Stones?

Você consegue encontrar esses bad boys do rock 'n' roll?

Não há grupo mais rock 'n' roll do que a banda The Rolling Stones. Mick Jagger e seus parceiros vêm tocando sem descanso, em todas as décadas desde a sua formação, nos anos 1960, e não dão sinais de que vão se aposentar tão cedo.

Ao longo da carreira, a banda recebeu prêmios brilhantes e realizou turnês mundiais e festas épicas. Ela é considerada uma das maiores bandas de todos os tempos. Ser um Stone não é uma tarefa fácil, devido à popularidade do grupo. Por isso, é compreensível que esses astros do rock queiram um momento mais calmo e pessoal, mesmo que seja um pouco difícil imaginá-los usando um par de chinelos e tomando uma xícara de chá.

A pergunta que não quer calar é: durante esses anos, aonde será que os Stones foram para ter um pouco de paz e tranquilidade? É sua missão, neste livro, descobrir se eles estão deixando os estúdios do The Ed Sullivan Show de fininho ou se estão perdidos na multidão do show na Praia de Copacabana.

Não havia muita tranquilidade no The Ealing Jazz Club, uma das baladas favoritas de Keith Richard na juventude. Ainda no início da carreira, os Stones subiram no palco dessa casa noturna para um show bem animado. Naquela época, eles conheciam cada cantinho do lugar. Você consegue encontrar os membros da banda entre os gatos e a penumbra típica das casas de jazz?

Outro point do início de carreira foi o Crawdaddy Club, uma casa de shows onde os rapazes se apresentavam com frequência. Com os fãs aglomerados como sardinhas em lata, os Stones precisavam ser bastante criativos para se esconderem. Você consegue achá-los?

Você pode pensar que os Stones poderiam ter algum sossego em seu próprio lar, mas a casa de Keith em Villa Nellcôte, na Riviera Francesa, era mais um palácio de festas do que um recanto para descansar. Não faltaram companhias para o guitarrista durante o período em que ele esteve nessa casa, e até John Lennon deu uma passadinha por lá. Mas esqueça os Beatles... e procure pelos Stones.

Você gosta do Caribe? Esse foi o destino escolhido pela banda no início dos anos 1970. Os Stones se exilaram na Jamaica para gravar o álbum Goats Head Soup. Nas raras horas longe das cabines de som e das mesas de mixagem, Mick e seus parceiros aproveitavam para mergulhar nas águas do Terra Nova Hotel. Onde os Stones estão dando um mergulho discreto?

De volta à Grã-Bretanha, a mansão de Mick Jagger em Hampshire, conhecida como Stargroves, era um lugar ainda menos provável para escapar da loucura. Bob Marley, The Who e Status Quo já gravaram no estúdio móvel de lá. Você consegue encontrar os Stones nessa casa enorme?

À medida que os horizontes musicais dos Stones se expandiram, o mundo deles também se expandiu. Destinos distantes, como Fiji, ficam a um pulo de distância quando se está em uma turnê internacional. Mas, às vezes, essas escapadas podem resultar em Keith caindo de uma palmeira. Você consegue vê-lo? Dica: ele não está em cima da palmeira!

Hora de começar! Encontre não apenas os Rolling Stones, mas também alguns pertences e grandes amigos dessa incrível banda. Divirta-se!

Mick Jagger — Ronnie Wood — Charlie Watts — Keith Richards

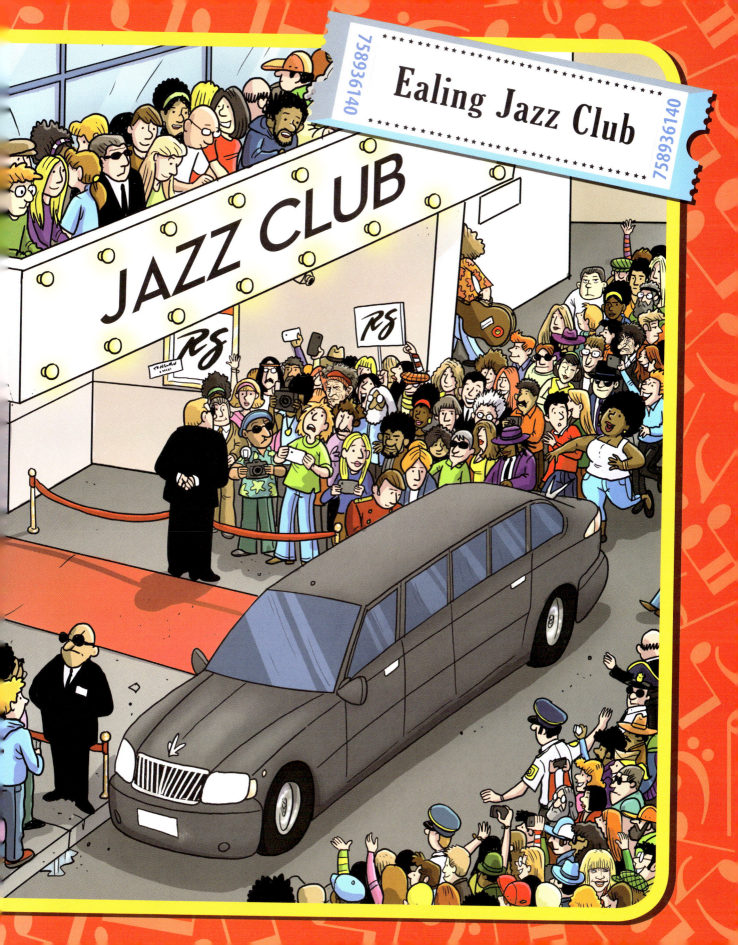

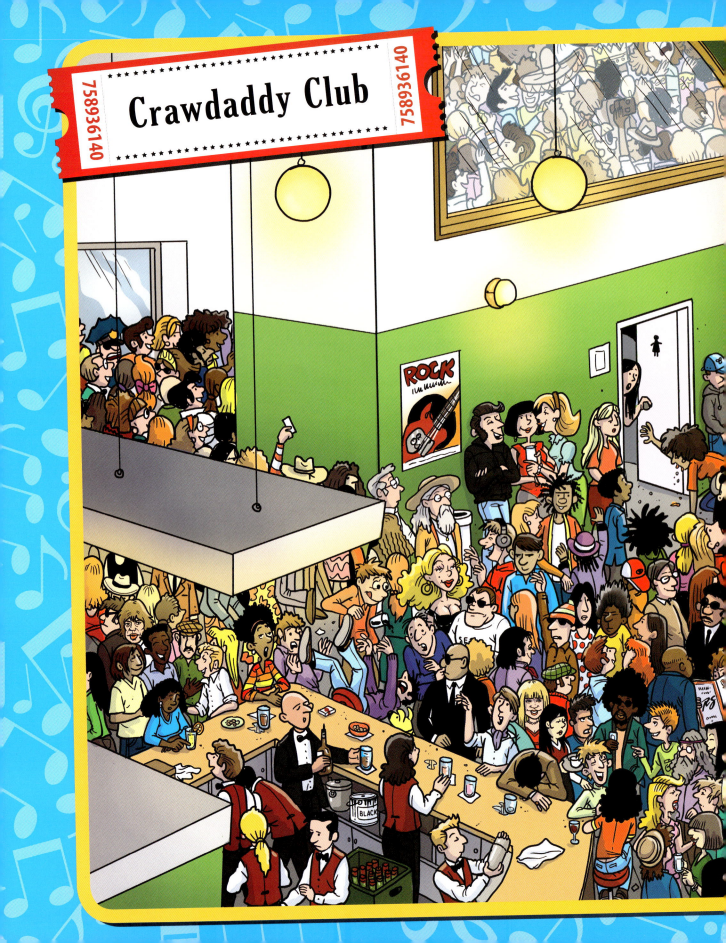

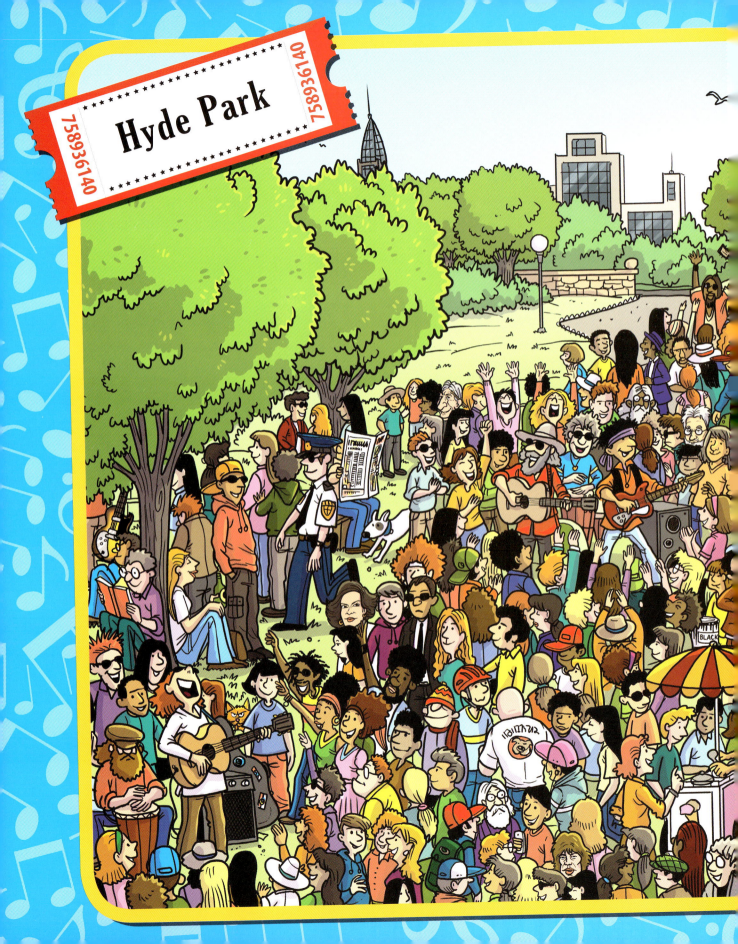

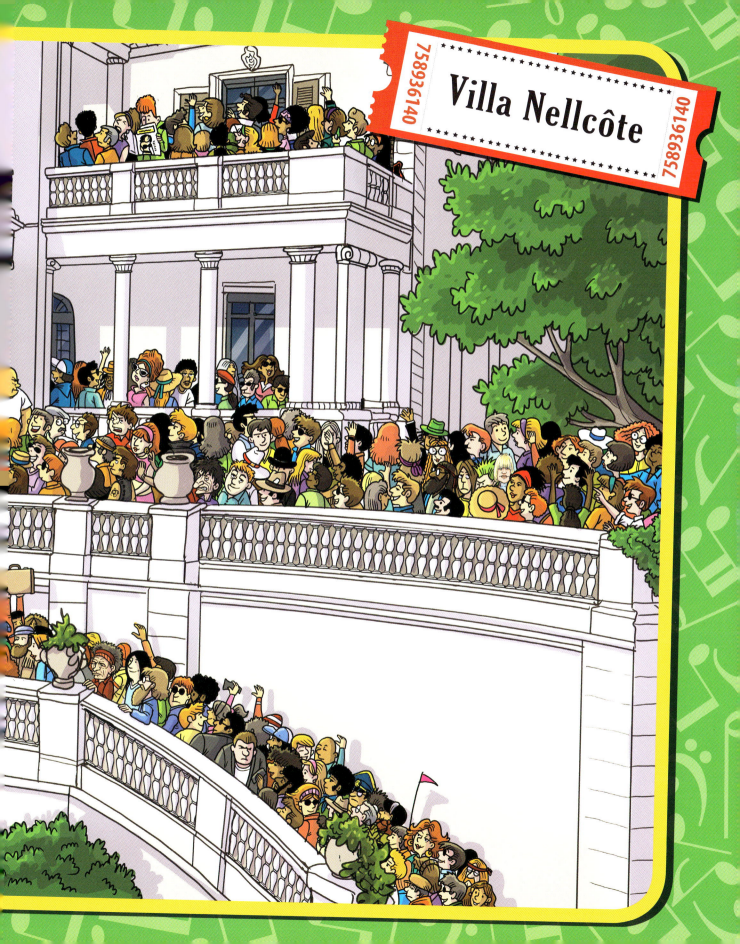

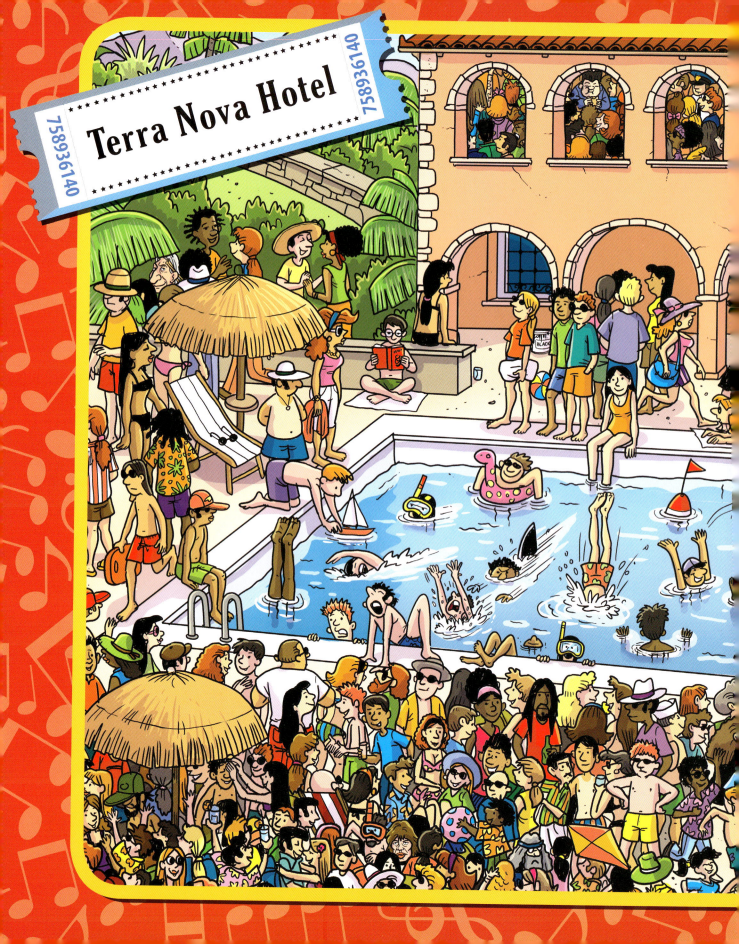

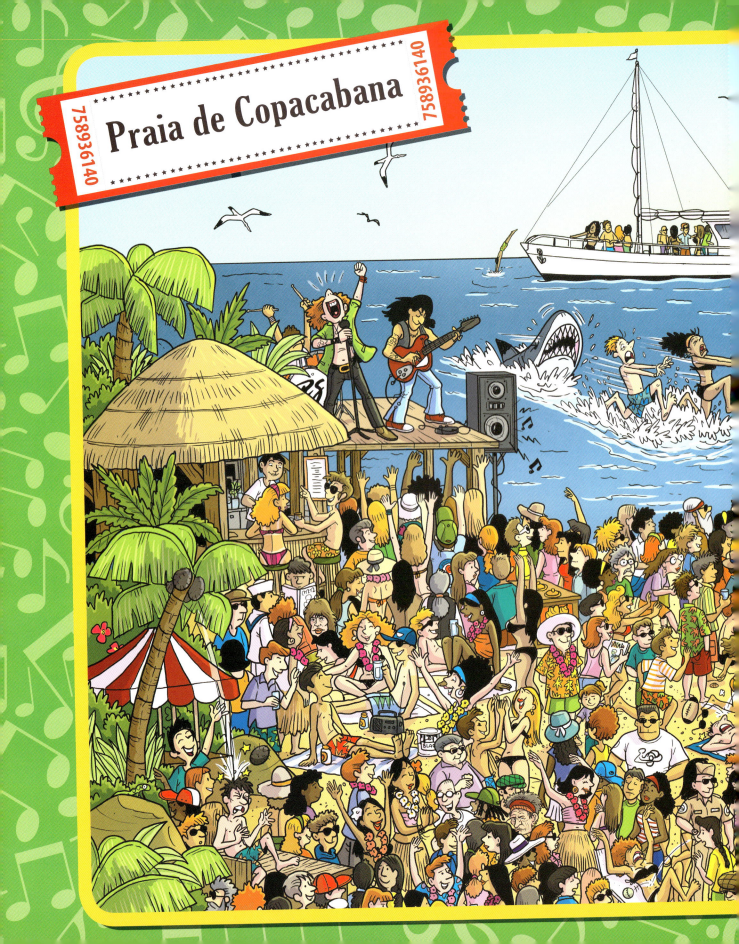

Encontre também...

Andrew Loog Oldham
Oldham gerenciou os Rolling Stones e foi o responsável pela imagem de bad boy dos integrantes. A canção "Andrew's Blues" foi inspirada nele.

Bianca Jagger
Atriz e frequentadora do antigo Studio 54, Bianca foi a primeira esposa de Mick Jagger. O traje de noiva que ela usou na cerimônia do casamento com o astro é considerado um clássico.

Bill Wyman
Baixista da banda entre 1962 e 1993, Bill usou seu acervo de lembranças dos Stones para decorar o próprio restaurante, que recebeu o mesmo nome de um famoso álbum da banda: Sticky Fingers.

Brian Jones
Foi um dos membros fundadores dos Rolling Stones e é, muitas vezes, creditado como o responsável pelo nome da banda. Ele deixou os Stones em 1969 e morreu tragicamente meses depois, com apenas 27 anos.

Ian Stewart
Conhecido por muitos como o sexto Stone, Ian foi o principal pianista da banda até a sua morte, em 1985, aos 47 anos.

Jerry Hall
Modelo estadunidense, Jerry foi esposa de Mick Jagger — no entanto, o casamento, realizado em Bali, na Indonésia, sob o rito hindu, nunca teve valor legal. Eles se separaram em 1999.

Jo Wood
A modelo Jo conheceu Ronnie Wood em 1977. O casal esteve junto por mais de 30 anos. Durante esse tempo, Jo trabalhou como assistente pessoal e estilista do guitarrista.

Marianne Faithfull
Cantora e compositora, o primeiro sucesso da carreira de Marianne foi uma música composta pelos Rolling Stones. Ela também foi namorada de Mick Jagger, e dizem ter sido a inspiração para a música "You Can't Always Get What You Want".

Tina Turner
Em 1985, Tina e Mick cantaram juntos durante a seção estadunidense do festival Live Aid, que contou com shows em mais três países. A performance da dupla foi um estouro — a apresentação mais comentada da noite!